Wald der Freundschaft

Daisy Meadows

Die magischen Tierfreunde
Die furchtlose Penelope Piks

Alle Titel von **Die magischen Tierfreunde**:

Band 1: Hasi Hoppel wird vermisst
Band 2: Rettung für Mia Mauseohr
Band 3: Fibi Federchen ganz allein
Band 4: Susi Samtpfote geht verloren
Band 5: Pia Puschel und der geheime Zauber
Band 6: Die furchtlose Penelope Piks
Band 7: Finja Fuchs und die Magie der Sterne
Band 8: Mara Meerschweinchen hilft den Waldtieren
Band 9: Henni Hamster und der Verwechslungszauber
Band 10: Winnie Welpe hat ein glitzerndes Geheimnis
Band 11: Emma Eule und der Zauberbaum
Band 12: Mila Miau und der Glitzerstein
Band 13: Lea Lämmchen und der Freundschaftszauber
Band 14: Fritzi Ferkel und der verlorene Edelstein
Band 15: Pina Pünktchen kommt in die Zauberschule
Band 16: Ria Rehkitz und die verschwundene Karte
Band 17: Kiki Koala und die magische Schule
Band 18: Hanna Honigherz und der Baum der Erinnerung
Band 19: Kira Kuschelfell und das Fest der Freundschaft

Sonderband: Pippa Pony rettet die Einhörner
Sonderband: Paula Pfötchen und das Weihnachtswunder

Daisy Meadows

Die magischen Tierfreunde

Die furchtlose Penelope Piks

Aus dem Englischen übersetzt
von Sandra Margineanu

Band 6

Loewe

Für Lily Grace' Mutter

Mit besonderem Dank an Valerie Wilding

FSC
www.fsc.org
MIX
Papier aus verantwortungsvollen Quellen
FSC® C014496

Klimaneutral
Druckprodukt
ClimatePartner.com/18521-2202-1001

ISBN 978-3-7855-8790-4
3. Auflage 2022
erschienen unter dem Originaltitel *Emily Prickleback's Clever Idea*

Erschienen in der Originalserie *Magic Animal Friends.*

Aus dem Englischen übersetzt von Sandra Margineanu
Umschlaggestaltung: Ramona Karl
Printed in the EU

www.loewe-verlag.de

Inhalt

Ein Geheimnis bewahren,
das wirst du bald!
Denn ich erzähle dir
vom verzauberten Wald.
Er liegt hinter der Tür im Eichenbaum.
Folge mir dorthin wie in einen Traum!
Unendliche Abenteuer werden
uns verbinden
und magische Tierfreunde
wirst du dort finden!

Alles Liebe
Goldi, die Katze

Goldschimmer im Nebel

Lili Hart kniete sich neben die Lorbeerhecke und stellte die Transportkiste vorsichtig ins Gras. „Hier ist ein guter Platz“, sagte sie. Sie strich sich eine dunkle Haarsträhne hinter das Ohr.

Ihre beste Freundin, Jessi Forester, kauerte neben ihr. Es war sehr früh und deswegen etwas neblig. Die feuchte Luft machte Jessis blondes Haar noch lockiger, als es sowieso schon war. „Das gefällt mir am Helfen in der Tierklinik fast am besten“, sagte sie. „Wenn wir die Tiere, denen es wieder besser geht, zurück in die freie Natur bringen dürfen.“

Lilis Eltern gehörte die Tierklinik *Helfende Pfote*, die in einer Scheune in Lilis Garten untergebracht war. Die beiden Freundinnen liebten Tiere und halfen in der Klinik, wann immer sie Zeit dafür fanden. Heute ließen die Freundinnen einen jungen Igel frei. Ein Mann aus dem Dorf hatte ihn beim Spaziergang mit seinem Hund gefunden. Der Igel hatte sich mit einem Beinchen in einem Efeugestrüpp verfangen und dabei verletzt. Der Mann hatte ihn in die Tierklinik gebracht. Das verletzte Bein war inzwi-

schen geheilt und es wurde Zeit für den kleinen Igel, wieder zu seinem Zuhause zurückzukehren.

Lili war sich sicher, dass der Geruch nach

frischem Gras und feuchter Erde dem Igel gut gefiel. Behutsam öffnete sie die seitliche Klappe und der Igel trippelte heraus. Er schnüffelte an den heruntergefallenen Blättern und Zweigen unter der Hecke.

Lili stand auf und klopfte sich die Hose sauber. „Oh, schau mal! Hinten am Bach. Hast du es auch gesehen?“, fragte sie plötzlich aufgeregt.

„Was denn?“, fragte Jessi.

Lili starrte in den Nebel. „Ich glaube, ich habe gerade etwas Goldenes gesehen“, sagte sie.

Jessi rieselte ein Freudenschauer über den Rücken. „Meinst du, es ist Goldi?“

Goldi war eine wunderschöne Katze mit grünen Augen und eine ganz besondere Freundin. Gemeinsam mit ihr hatten die Mädchen schon einige Abenteuer im Wald der Freundschaft erlebt. Einer magischen Welt, in der etwas ganz Erstaunliches möglich war – alle Tiere konnten sprechen!

„Ja, da ist sie!", rief Lili.

Jetzt sah auch Jessi die Katze. Die Mädchen rannten zu dem Schilfgebüsch, das am Ufer des kleinen Flusses wuchs. Sie streichelten die Katze, die zufrieden schnurrte und sich an ihre Beine schmiegte.

„Ich wünschte, du könntest auch in unserer Welt sprechen, Goldi", sagte Lili. „Braucht der Wald der Freundschaft wieder unsere Hilfe?"

Die böse Hexe Griselda versuchte, die Tiere aus dem Wald zu vertreiben, weil sie ihn ganz für sich allein haben wollte. Im Wald der Freundschaft wuchsen wunderschöne Bäume und Blumen und dazwischen standen die Häuschen der Tiere. Griselda wollte den Wald in einen dunklen, trostlosen Ort verwandeln, an dem sich nur eine Hexe wohlfühlen würde. Bisher war es Goldi und den Mädchen immer gelungen, ihre gemeinen Pläne zu verhindern. Aber Griselda hatte neue magische Helfer – Drachen!

Goldi wackelte mit ihrem Schwanz einmal kurz in der Luft herum und sprang über die Steine im Wasser an das andere Flussufer.

Lili und Jessi folgten ihr über die große Wiese zu der leblosen Eiche, die in der Mitte stand. Die Mädchen wussten, was gleich passieren würde. Im Laufen grinsten sie sich begeistert an.

Als Goldi unter dem Baum zum Stehen kam,

wurde
er plötzlich
in helles warmes
Sonnenlicht getaucht.
Sattgrüne Blätter
sprossen aus den Ästen
und gelbe Blumen blühten
auf der Wiese rund um den
Stamm. Schmetterlinge und
Bienen tauchten wie aus
dem Nichts auf und über-
all ertönte Vogel-
gezwitscher.

„Es ist jedes Mal so beeindruckend, wenn der Baum zum Leben erwacht“, sagte Jessi.

Im Stamm waren auf einmal eingeritzte Wörter zu erkennen. Lili und sie wussten, dass der Zauber beginnen würde, sobald sie die Worte gleichzeitig laut aussprachen.

Sie reichten sich die Hände und sagten gemeinsam: „Wald der Freundschaft!“

Eine Tür mit einem blattförmigen Knauf erschien wie von Zauberhand im Baumstamm. Jessi öffnete sie und Goldi ging voran, hinein in das goldschimmernde Licht.

Die Mädchen zogen die Köpfe ein und folgten ihr durch die niedrige Tür. Sofort kribbelte es beide am ganzen Körper. Lili drückte aufgeregt Jessis Hand. Das Kribbeln bedeutete, dass die Freundinnen ein kleines bisschen schrumpften.

Das goldene Licht verschwand und die Mädchen fanden sich auf einer wunderschönen Lichtung wieder, die von großen Bäumen umgeben war. Kleine Häuser standen zwischen den Baumwurzeln. Die warme Luft war mit dem herrlichen Duft von Blumen erfüllt.

Sie waren wieder im Wald der Freundschaft! Und vor ihnen, auf zwei Beinen, mit einem goldenen Schal um den Hals, stand Goldi.

„Hallo, meine Lieben", sagte sie.

„Endlich können wir wieder mit dir sprechen", sagte Lili. Beide Mädchen umarmten ihre Freundin.

„Es ist so schön, hier zu sein", sagte Jessi. „Aber warum hast du uns hergeholt? Macht die Hexe wieder Ärger?"

„Ich habe Griselda zum Glück schon länger

nicht mehr gesehen", erwiderte Goldi. „Im Wald ist alles in Ordnung. Ich habe euch abgeholt, damit ihr bei etwas ganz Besonderem zuschauen könnt."

„Oh, bei was denn?", fragten Lili und Jessi neugierig.

Goldi lächelte. „Beim Schnellwasser-Rennen!"

Das Mühlrad

„Ein Bootsrennen!“, rief Jessi. „Das will ich sehen!“

„Und ich erst“, sagte Lili. „Wie toll! Ein ganzer Tag mit unseren Freunden!“

Goldi bückte sich nach einem verschlossenen Korb, der zwischen den Wurzeln des magischen Baums stand.

„Ich habe noch eine Überraschung für euch“,

sagte sie lächelnd und öffnete den Korbdeckel. Die Mädchen blickten hinein.

„Blütenbrötchen und Wasserkresse-Brote", stellte Lili fest.

„Kirschbrot!", rief Jessi. „Und Erdbeerlimonade in Flaschen – lecker!"

„Alle, die zum Schnellwasser-Rennen gehen, nehmen ein Picknick mit, um es mit ihren Freunden zu teilen", erzählte Goldi und schloss den Deckel wieder. „Los, gehen wir zum Weidenfluss. Erinnert ihr euch an unser Abenteuer dort?"

„Ja, damals haben wir Fibi Federchen gerettet", sagte Lili. Sie dachte an die kleine Ente und musste lächeln.

Die drei Freundinnen kamen zur Tupfenwiese und blieben kurz am Café Fliegenpilz stehen, um Familie Hoppel zu begrüßen, der das Café gehörte.

Mia Mauseohr saß im Café und aß mit ihrer Freundin Mila Schnuppernase Toast mit Karamellsirup. „Hallihallo!", rief sie durch das Fenster.

„Hallo, Mia", grüßten Lili und Jessi.

Milas rosa Nase zuckte schnuppernd, um herauszufinden, mit wem Mia sprach.

„Ich rieche Honig", sagte sie und blinzelte durch ihre riesige violette Brille. „Das ist Jessi!"

Lili lachte. „Mila findet immer, dass du nach Honig riechst, Jessi“, sagte sie.

Milas Nase zuckte wieder. „Und das muss Lili sein“, sagte sie. „Du riechst nach Erdbeeren.“

„Vielen Dank“, sagte Jessi lachend. „Geht ihr beide auch zum Schnellwasser-Rennen?“

„Aber natürlich. Sobald wir mit unserem Toast fertig sind“, antwortete Mia. „Das wird superspannend!“

Jessi, Lili und Goldi gingen weiter und trafen andere Tiere, die auch auf dem Weg zum Fluss

waren. Einige trugen Picknickkörbe, andere Klappstühle und Sonnenschirme. Alle unterhielten sich fröhlich.

„Was für ein schöner Tag!", sagte Lili.

„Ja, das Sonnenblumenhaus sorgt dafür, dass es sonnig und warm ist", sagte Jessi.

„Dank euch beiden", ergänzte Goldi.

Um das Sonnenblumenhaus kümmerte sich die Eichhörnchenfamilie Puschel. Sie hielten die

Fenster mit ihren buschigen Schwänzen sauber, damit warme, helle Sonnenstrahlen den magischen Wald der Freundschaft erhellten. Aber Eisflocke, Griseldas blauer Drache, hatte die Puschels bei ihrem letzten Abenteuer verzaubert und die Magie des Sonnenblumenhauses hatte aufgehört zu wirken. Erst als Lili und Jessi den Drachen dazu gebracht hatten, den Zauber rückgängig zu machen, war es im Wald wieder hell und warm geworden.

Goldi deutete durch eine Lücke zwischen den Bäumen. „Da ist der Weidenfluss!“

Am Fluss waren so viele Tiere versammelt, dass die Mädchen kaum noch das Schilf und den Röhricht sehen konnten, die am Ufer wuchsen.

Die Teilnehmer des Rennens machten sich an

der Startlinie bereit. Familie Federchen stand neben ihrem blau und gelb gestrichenen Boot und schnatterte aufgeregt. Familie Platsch, die Frösche, hatte ein riesiges Seerosenblatt mitgebracht. Es war so groß wie der Küchentisch bei Jessi zu Hause. Familie von Grünschild stand aufgereiht hintereinander. Jede Schildkröte trug eine Badekappe in einer anderen schillernden Regenbogenfarbe. Ihr Boot war ebenfalls bunt wie ein Regenbogen.

Jessi winkte Familie Biber zu, die hintereinander aufgereiht in ihrem orangefarbenen Kanu saß. Hinter dem Schiedsrichtertisch saßen drei elegante Schwäne. Silvia, die älteste der Schwestern, nickte den winkenden Mädchen anmutig zu.

Goldi packte den Picknickkorb aus. Alle be-

teiligten sich am Essenstausch. Frau Mauseohr hatte so viele Haselnuss-Chips mitgebracht, dass es für den halben Wald reichte.

Goldi wandte sich an die Mädchen. „Eine Sache muss noch getan werden, bevor das Rennen beginnen kann. Kommt mit, ich muss euch was zeigen!“

Die Mädchen folgten ihr flussaufwärts am Ufer entlang zu einem Mühlrad. Es bewegte sich langsam und gleichmäßig und machte dabei lustige *Plitschplatsch*-Geräusche. Fünf unterschiedlich lange Hebel mit glänzenden Griffen waren an dem Rad befestigt.

Überrascht entdeckten Lili und Jessi eine Igelfamilie, die in den Blättern und Blumen am Flussufer herumkugelte. Mit ihren Stacheln piksten sie die Blätter auf und rannten dann zu einem Sammelhaufen, etwas vom Mühlrad entfernt, wo sie die Blätter abschüttelten.

Einer von den kleineren Igeln kam auf die Mädchen zugerannt.

Sie hatten ihn bei einem anderen Besuch im Wald der Freundschaft schon einmal getroffen.

„Hallo, Henri Piks“, sagte Lili.

„Hallo, Lili und Jessi“, sagte Henri. Zwei andere kleine Igel sahen die Mädchen neugierig an. „Das ist mein Bruder Remus. Und das ist unsere kleine Schwester Penelope.“

Penelope trug ein funkelndes Diadem auf dem Kopf. Blätter und süß duftende Blütenblätter steckten auf ihren Stacheln.

Sie berührte Jessi sanft am Bein.

„Oh, entschuldige. Mir gefallen deine lockigen Haare sehr“, sagte sie.

„Danke“, sagte Jessi. „Und mir gefällt dein Diadem.“

„Penelope hat das Krönchen bei einem Wettbewerb gewonnen“, erklärte Henri stolz. „Sie musste ganz viele schwere Rätsel lösen.“

Lili lächelte Penelope zu. „Dann bist du sicherlich sehr klug“, sagte sie.

„Oh ja", sagte Henri. „Sie ist sehr schlau!"

Penelopes Nase errötete.

„Zusammen mit den Blütenblättern auf deinen Stacheln sieht das Diadem noch schöner aus", sagte Lili. „Wir sollten uns auch Blütenblätter ins Haar stecken."

Penelope kicherte. „Das ist nicht zur Verschönerung. Das ist Teil unserer Arbeit. Wir sammeln Blätter und Blütenblätter mit unseren Stacheln, damit sie das Mühlrad nicht verstopfen."

Frau Piks kam herüber, um Penelope zu helfen, die Blätter von ihren Stacheln zu schütteln. „Solange sich das Mühlrad dreht, fließt auch der Fluss", erklärte sie. „Wir müssen dafür sorgen, dass es nie stehen bleibt, sonst würde der Fluss versickern."

„Nur Familie Piks weiß, wie das Mühlrad funktioniert“, sagte Goldi. „Und ich bin gekommen, weil ich euch um einen Gefallen bitten möchte.“

Herr Piks grinste. „Immer gerne, Goldi“, sagte er.

„Könnt ihr den Fluss bitte etwas schneller fließen lassen?“, fragte sie. „Wir wollen, dass die Boote einen Schnellstart hinlegen.“

Die Igelkinder jauchzten begeistert.

„Aber natürlich“, sagte Herr Piks. „Alle auf ihre Plätze!“

Lili und Jessi grinsten sich an. Sie konnten es kaum erwarten, Familie Piks in Aktion zu sehen.

Unwillkommene Besucher

Lili und Jessi sahen zu, wie Familie Piks fleißig um das Mühlrad herumwuselte. In dem Rad befanden sich fünf kleinere Räder und jeder Igel kletterte in eines hinein.

„Alle bereit?“, fragte Herr Piks.

„Bereit!“, riefen die anderen.

„Dann *eins* … und *zwei* … und einrollen!“

Die fünf Igel rollten sich gleichzeitig zu stacheligen Kugeln zusammen. Dann kugelten sie nach vorne und bewegten dadurch ihre Räder. Die fünf kleineren Räder verbanden sich mit den Zahnrädern im großen Mühlrad. Es drehte sich schneller.

„Wahnsinn!", sagte Lili. Die Igel kullerten so schnell herum, dass sie kaum noch zu erkennen waren. „Kein Wunder, dass nur Familie Piks das Mühlrad bedienen kann."

„Wenn sich das Mühlrad schneller dreht, fließt auch der Fluss schneller", erklärte Goldi.

Plötzlich entdeckte Jessi etwas Schreckliches. Ein gelbgrüner Lichtkreis schwebte durch die Bäume auf sie zu.

„Oh nein!", rief Jessi. „Da ist Griselda!"

Penelope hörte abrupt auf, Purzelbäume zu

schlagen, und richtete sich auf. Erschrocken schlug sie die Pfötchen vor den Mund. „Die Hexe!“, rief sie.

Auch die anderen Igel hielten inne. Sie sprangen vom Mühlrad und rannten zu Goldi und den Mädchen. Ihre Stacheln zitterten vor Angst.

Das Licht explodierte in einem Schauer aus gelbgrünen Funken und vor ihnen stand Griselda. Ihr grünes Haar wogte um ihr schmales knochiges Gesicht wie ein Bündel zischelnder Schlangen. Die Hexe schwang ihren

Umhang nach hinten und enthüllte ihr violettes Kleid. Sie verschränkte die Arme und wippte mit der Fußspitze ihres hochhackigen Stiefels.

Jessi wollte den Igeln gerade zurufen, dass sie sich verstecken sollten, da rief Frau Piks: „Einrollen!"

Innerhalb eines Sekundenbruchteils hatten sich die Igel zu stacheligen Kugeln zusammengerollt.

Griselda grinste höhnisch. „Eure stacheligen Freunde haben zu Recht Angst. Einer meiner Drachen wird mir helfen, die Tiere aus dem Wald zu verjagen. Und dann gehört er mir allein. Ha, ha!"

Ein weiterer Drache! Jessi warf Lili einen schnellen Blick zu. Lilis Augen waren weit aufgerissen, aber Jessi konnte sehen, dass ihre

Freundin fest entschlossen war, der Hexe ihre Angst nicht zu zeigen.

„Egal, was der Drache vorhat, wir werden ihn aufhalten“, sagte Jessi mutig.

„Das werden wir ja sehen!“, kreischte Griselda. Dann schnipste sie mit den Fingern und verschwand in einem Funkenregen.

Goldi griff nach Lilis und Jessis Hand. „Was wird der Drache wohl machen?“, fragte sie ängstlich.

Dicht beieinander stehend warteten sie darauf, dass etwas geschah. Sie blickten wartend um sich. Aber der Wald sah so friedlich aus wie zuvor.

Goldi seufzte erleichtert. „Es sieht nicht so aus, als ob gleich etwas passieren wird.“

Die Igel entrollten sich gerade wieder, als von

oben ein gewaltiges Brüllen ertönte.

„Raaarrr!“

Alle sahen nach oben. Über ihnen kreiste Graustaub, Griseldas gelber Drache.

Die Igel waren vor Schreck wie erstarrt.

Der Drache lachte spöttisch. „He, he, he! Ich mache den Wald trocken und dürr!“, rief er. „All die widerlichen Pflanzen werden sterben und aus dem Wald der Freundschaft wird eine Wüste!“

Jessi war schockiert. „Das kannst du doch nicht machen!“, rief sie. „Was soll aus den Tieren werden?“

„He, he, he! Was kümmern die mich?“, sagte

Graustaub. „Ich werde mich in die Sonne legen und schnarchen und es schön trocken haben. He, he! Meine gelben Schuppen werden in der Sonne schön glänzen!“

Plötzlich schoss er herab.

„Oh nein!“, rief Jessi. „Er stürzt sich auf die Igel.“

„Lauft!“, schrie Lili.

„Versteckt euch!", riefen Goldi und Jessi gleichzeitig.

Aber Familie Piks bewegte sich nicht. Sie waren vor Schock erstarrt, nur ihre Stacheln zitterten.

Graustaub sauste auf sie zu. Er brüllte erneut und rief:

„Die Igel werden nie mehr rollen,
Gewässer nicht mehr fließen sollen.
Zu Stein verwandelt werden sie da hocken
und der Fluss wird knochentrocken."

Lili, Jessi und Goldi sahen entsetzt zu, wie die Gesichter der Igel grau wurden und ihre braunen Stacheln ebenfalls verblichen. Zum Schluss wurden ihre zitternden Pfoten starr und grau.

Jessi rannte zu Henri und hob ihn hoch. Er war viel schwerer als sonst. Sie drückte ihn an sich und drehte sich zu Goldi und Lili um. Ihr Gesicht war blass.

„Oh nein“, hauchte sie. „Seht, was Graustaubs Zauber getan hat. Familie Piks ist zu Stein geworden!“

Gefahr für den Weidenfluss

Knirschend kam das Mühlrad zum Stehen.

Kichernd flog der gelbe Drache davon. „He, he, he! Ich bin der schönste Drache von allen!“

Jetzt rannten auch Goldi und Lili zu den Igeln hinüber.

„Vielleicht können wir sie aufwecken“, schlug Lili verzweifelt vor. Sie streckte die Hand aus und berührte Herrn Piks. Seine Stacheln waren kalt und hart. Er fühlte sich überhaupt nicht mehr wie ein lebendiger Igel an.

Jessi betrachtete Henri. Seine schwarzen Knopfaugen waren weit aufgerissen und seine kleine rosa Nase reckte sich erstarrt in die Luft. „Henri?", fragte sie, aber der Igeljunge bewegte sich nicht.

„Das bringt nichts", sagte Goldi. „Wir

können die Drachenmagie nicht aufheben. Ihr wisst doch, nur die Drachen selbst können die Zaubersprüche rückgängig machen."

Jessi war den Tränen nahe. „Aber wir können sie doch nicht wie kleine Statuen hier stehen lassen", sagte sie.

„Vier!", sagte Lili erschrocken. „Es sind nur vier."

Goldi griff nach Lilis Hand.

„Du hast recht", sagte sie.

Jessi machte ein verwirrtes Gesicht. „Wovon redet ihr?" Dann begriff sie es auch. „Natürlich! Es sollten doch fünf Igel sein. Wo ist Penelope?"

Sie blickten sich suchend um und auf einmal hörten sie ein leises Fiepen. Dann raschelte es in einem Blätterhaufen und ein kleines Gesicht linste daraus hervor.

„Penelope!“, rief Lili. „Auf deinen Stacheln stecken so viele Blätter, dass Graustaub dich nicht gesehen hat.“

Sie hob das zitternde Igelmädchen hoch und die Kleine schmiegte sich in ihre Armbeuge.

„Was ist mit meiner Familie?“, fragte Penelope mit Tränen in den Augen. „Ich will keine Mama und keinen Papa aus Stein haben.“

Jessi streichelte mit dem Finger über Penelopes Wange. „Mach dir keine Sorgen“, sagte sie sanft. „Wir haben es geschafft, dass Eisflocke, der blaue Drache, seinen Zauber zurücknimmt. Wir werden auch einen Weg finden, dass Graustaub dies tut."

Penelope blinzelte die Tränen weg und ballte ihre kleinen Fäuste. „Mama und Papa sagen immer, dass ich gut darin bin, Lösungen zu finden", sagte sie. „Ich werde euch helfen."

Sie eilten am Ufer entlang zurück zur Startlinie des Bootsrennens, wo die anderen Tiere immer noch darauf warteten, dass der Fluss schneller floss und das Rennen endlich losgehen konnte. Familie Federchen vertrieb sich die Zeit damit, Wasserbomben zu befüllen. Fibi quietschte vor Freude, als eine besonders große genau über ihren gelben Federn platzte.

„Da kommen Goldi und die Mädchen!", rief

Herr Federchen. „Aber warum fließt der Fluss dann nicht schneller?“

Goldi erzählte rasch, was passiert war. Beunruhigtes Schnattern brach aus.

„Oh, meine armen Freunde“, sagte Herr Silberstreif, der Dachs.

Agatha Glitzerflügel, die Elster, legte tröstend einen Flügel um ihn. „Das Rennen kann nicht stattfinden, solange Familie Piks verzaubert ist“, sagte sie.

Lili betrachtete nachdenklich den Fluss. Irgendwie sah er anders aus. „Findest du auch, dass der Wasserstand niedriger geworden ist?“, fragte sie Jessi.

Penelope rannte ans Ufer. „Oh nein! Das Mühlrad dreht sich schon langsamer. Der Fluss wird kleiner!“

Goldis Schnurrhaare zuckten besorgt. „Wir müssen Penelopes Familie retten, damit sie das Mühlrad wieder in Gang setzen kann. Wenn uns das nicht gelingt, wird der Fluss knochentrocken, so wie Graustaub es gesagt hat.“

Die Familie Platsch sprang panisch quakend

hin und her. „Kein Fluss mehr? Was soll dann aus uns werden?“

„Oje!“, sagte Agatha Glitzerflügel verzweifelt. „Alle Bäume und Blumen werden sterben und wir werden nichts mehr zu trinken haben.“

„Wir werden den Wald der Freundschaft verlassen müssen“, sagte Herr Silberstreif.

„Genau das will Griselda“, wisperte Jessi Lili zu. „Hat jemand gesehen, in welche Richtung Graustaub geflogen ist?“, fragte sie laut.

„Ich weiß, wo er hin ist“, antwortete Penelope. „Er sagte doch, dass seine Schuppen in der Sonne besonders schön aussehen und dass er sich sonnen will. Vielleicht ist er am Strand?“

Lili lächelte das Igelmädchen an. „Hervorragende Idee, Penelope! Deine Brüder hatten recht, du bist wirklich sehr schlau.“

Penelopes Nase verfärbte sich rosa.

„Es gibt in der Nähe einen Strand, der Korallenbucht heißt“, sagte Goldi. „Er befindet sich am Ufer des Weidenflusses. Kommt, sehen wir nach, ob Graustaub dort ist.“

Penelope durfte sich in Jessis Tasche setzen. Sie passte gut auf, damit sie sie nicht mit ihren Stacheln pikste. Dann machten sich die Freundinnen auf den Weg.

„Viel Glück!“, riefen die Mäuse.

„Seid vorsichtig!“, rief Herr Silberstreif.

„Keine Angst!“, rief Goldi zurück. „Wir werden die Igel retten!“

Jessi lächelte Lili zu. „Genau, schließlich haben wir ein sehr kluges Igelmädchen bei uns, das uns helfen wird.“

Eisvögel in Not

Die Freundinnen liefen an Bäumen und Büschen vorbei. Penelope linste aus Jessis Tasche und hielt mit einer Hand ihr Diadem fest.

„Da!“, sagte Goldi. „Der Strand ist da unten.“

Sie deutete auf einen Hang, an dessen Fuß sich ein pinker Torbogen mit dem Schriftzug *Korallenbucht* befand. Links und rechts davon wuchsen dichte Büsche. Penelope kletterte aus Jessis Tasche und sprang zu Boden. Sie rollte sich zu einer Kugel zusammen und kugelte den Hang hinunter. Wie ein kleiner Stachelball sauste sie durch den Torbogen und verschwand außer Sichtweite.

„Das würde ich auch gerne können“, sagte Jessi grinsend, während sie dem Igelmädchen nacheilten.

„Hier!“, hörten sie Penelope rufen. „Kommt schnell her!“

Sie rannten durch den Torbogen auf ihre Stimme zu. Hinter dem Tor erstreckte sich ein kleiner Strand mit pink-gelbem Sand. Der Strand endete an einem großen schlammigen Graben. Penelope stand am Rand und schüttelte Sandkörner aus ihren Stacheln.

In dem Graben befanden sich sieben kleine Vögel mit langen schmalen Schnäbeln. Ihre Federn waren schlammverschmiert. Blätter und Zweige klebten an ihrem weichen Federkleid und sie versuchten vergeblich, sich aus dem Matsch zu befreien.

Goldi sog erschrocken die Luft ein. „Das ist die Familie Eisvogel!", rief sie und rannte zu den

Vögeln. „Hallo! Das sind Lili und Jessi. Was ist denn nur passiert?“

„Tschii-kii! Tschii-kii!“, piepste Frau Eisvogel und schüttelte ihre Federn. „Oh, Goldi! Wir haben auf dem Weg zum Schnellwasser-Rennen nur kurz haltgemacht, um ein schnelles Bad zu nehmen, damit unsere Federn frisch und sauber sind. Aber jetzt sind unsere Flügel mit dickem

Schlamm bedeckt und wir können nicht mehr fliegen."

Penelope machte ein sehr besorgtes Gesicht. „Diese Strandbinsen wachsen normalerweise direkt am Wasser", sagte sie und deutete auf schlanke Pflanzen mit flauschigen Spitzen. „Das ist kein Graben. Hier sollte eigentlich der Weidenfluss fließen!"

Die Mädchen sogen vor Schreck die Luft ein.

„Ich fürchte, Penelope hat recht", sagte Goldi. Ihr Schwanz zuckte bekümmert hin und her. „Der Fluss ist vollständig versickert, weil die Igel das Mühlrad nicht mehr betätigen."

Einer der kleinen Vögel schlug mit seinen Flügeln, aber hob nicht ab. „Wir kommen nie wieder nach Hause", sagte er traurig. „Zu Fuß ist es viel zu weit."

„Keine Sorge, wir helfen euch“, sagte Lili. „Irgendwie bekommen wir euch schon sauber.“

„Oh!“, quietschte Penelope plötzlich. „Ich weiß, wie. Ich habe eine Idee. Könnt ihr die Vögel neben mich in den Sand setzen?“

Lili und Jessi wunderten sich, aber taten, worum Penelope sie bat.

Als die ganze Familie Eisvogel neben Penelope stand, verdreckt und bekümmert, sagte sie: „Macht mir nach!“

Der kleine Igel zeigte ihnen, wie sie sich herumkullern sollten, damit sie wieder sauber wurden. „Der Schlamm auf euren Federn ist in der Sonne getrocknet“, erklärte sie. „Wenn ihr euch im Sand wälzt, geht der Schlamm ganz ab.“

Die Vögel machten es ihr nach. Als sie merkten, dass Penelopes Plan funktionierte, wurde ihre Laune sofort besser. Die kleinen Eisvögel kullerten kichernd durch den Sand.

Es dauerte nicht lange und ihre blauen und

orangefarbenen Federn glänzten wieder. Sie schüttelten ihr Gefieder, dann schlugen die jungen Vögel übermütig mit ihren Flügeln und sausten jauchzend in die Luft.

„Sie sind so schnell, dass ich nur blaue Blitze sehen kann", stellte Lili lachend fest.

„Gut gemacht, Penelope“, sagte Jessi. „Das war sehr klug von dir.“

Goldi erzählte Herrn und Frau Eisvogel, dass

Graustaub Familie Piks verzaubert hatte. „Wir dachten, wir würden Graustaub hier am Strand beim Sonnenbaden finden“, sagte sie und betrachtete den pink-gelben Sand. „Aber hier ist er nicht. Wir müssen woanders nach ihm suchen.“

„Tschii-kii! Tschii-kii!“, riefen die jungen Vögel und sausten ausgelassen um die Köpfe der Mädchen herum.

„Wir halten Ausschau nach ihm“, versprach Herr Eisvogel. „Wir brauchen den Fluss unbedingt zurück.“

Ein Jungvogel flatterte an ihnen vorbei. „Mir ist immer noch kalt“, sagte er. „Lasst uns höher hinauffliegen, da ist die Luft wärmer.“

„Moment mal! Könnte Graustaub nicht auch da oben sein?“, fragte Lili. „Am Strand ist er nicht. Vielleicht sonnt er sich hoch oben in den Baumwipfeln?“

Jessi nickte. „Du könntest recht haben“, sagte sie. „Dort oben gibt es keinen Schatten und er wäre im direkten Sonnenlicht.“

Goldis Schnurrhaare zuckten aufgeregt. „Aber

es gibt so viele Bäume", sagte sie. „Wo sollen wir nach ihm suchen?"

„Oh, ich weiß es", sagte Penelope. „Er ist bestimmt auf dem größten und höchsten Baum im ganzen Wald. Und das ist der Schatzbaum!"

„Na klar!", sagte Jessi. Bei einem ihrer anderen Abenteuer waren sie auf den hohen Baum geklettert, der über alle anderen hinausragte. „Deine Familie kann froh sein, dass du so klug bist, Penelope. Wir werden Graustaub bald haben. Gehen wir!"

Die Federschlau-Erfindung

So schnell sie konnten, liefen sie los. Penelope saß wieder in Jessis Tasche und linste neugierig daraus hervor.

Schon bald erblickten sie den großen Baum mit der runden Krone, von dem die Waldtiere ihr Essen pflückten. Die Blätter schimmerten im Sonnenlicht. An den Ästen wuchsen unterschiedliche Sorten Früchte und Nüsse. Normalerweise war hier immer viel Trubel, aber heute waren alle Tiere am Fluss.

Jessi konnte es kaum erwarten nachzusehen, ob Penelope recht hatte und Graustaub sich tatsächlich weit oben auf den höchsten Ästen sonnte.

Magische Ranken hingen rund um den Baumstamm, damit die Tiere sicher an ihm hochklettern konnten. Jessi rannte zu einer herabhängenden Ranke hinüber, doch dann stolperte sie über etwas Hartes und fiel beinahe hin.

Es war eine Pampelmuse, aber sie war aus Stein!

„Das muss Graustaub gewesen sein!“, rief sie und zeigte den anderen die versteinerte Frucht. „Er ist hier!“

„Meine Güte“, sagte eine vertraute Stimme aus der Nähe. „Eine beinerne Stirne – ich meine, eine steinerne Birne! Da stimmt was nicht. Da stimmt was ganz und gar nicht!“

Jessi grinste. Sie kannte diese Stimme. Es war Herr Federschlau, der Uhu. Sie sahen auf die andere Seite des breiten Stammes und da stand er auch. Mit dabei hatte er eine seiner Erfindungen.

„Goldi!“, rief er. „Und Jili und Lessi – ich meine, Lili und Jessi. Oh, immer verknotet sich meine Zunge. Möchtet ihr etwas von dem Obst pflücken?

Ihr könnt euch meine Erfindung gerne ausleihen. Es ist eine Hückpfilfe."

„Eine Hückpfilfe?", wiederholte Penelope, die aus Jessis Tasche linste.

„Er meint eine Pflückhilfe", sagte Lili lächelnd. Sie machte einen Satz zurück, als eine versteinerte Kokosnuss vor ihr auf dem Boden landete.

„Wir sollten nicht unter dem Schatzbaum stehen bleiben", meinte Goldi und ließ traurig die Schnurrhaare hängen. „Das ist zu gefährlich. Graustaub hat den ganzen Baum verdorben."

Sie gingen ein paar Schritte zur Seite, bis sie nicht mehr unmittelbar unter den Ästen standen.

Lili erzählte Herrn Federschlau von Graustaub. „Wir müssen ihn dazu bringen, den

Zauber von Familie Piks rückgängig zu machen“, sagte sie zum Schluss. „Wenn uns das nicht gelingt, wird der Weidenfluss für immer versiegen.“

Der alte Uhu wich elegant einer Handvoll Steinkirschen aus, die hinter ihm auf den Boden plumpsten. „Ich hoffe, ihr schafft das“, sagte er. „Es wird noch jemand verletzt werden, wenn er weiter mit Feinstrüchten wirft – ich meine, Steinfrüchten.“

Jessi streichelte beruhigend über Penelopes Wange.

„Wir müssen *sofort* zu Graustaub", sagte das Igelmädchen entschlossen.

„Du hast recht", meinte Goldi. „Wir müssen jetzt alle leise sein."

Sie schlichen zurück unter den Baum und spähten durch die Äste nach oben.

„Da!", wisperte Lili aufgeregt. „Links von den Bananen, über den Kokosnüssen. Graustaubs Schwanz!"

Tatsächlich. Faul lag der Drache auf einem Ast und sein gelber Schwanz schwang träge vor und zurück.

„Vorsicht!“, rief Penelope. „Ananas!“

Sie sprangen zur Seite. Eine versteinerte Ananas krachte durch die Zweige und landete mit einem Rums auf dem Boden. Sie zerbrach in tausend Stücke.

Von oben war ein Kichern zu hören. „He, he, he!“

„Es scheint ihm Spaß zu machen, Obst in Stein zu verwandeln, während er in der Sonne faulenzt“, sagte Jessi wütend.

„Passt auf!“, warnte Goldi und wich einer Walnuss aus. „Zum Glück sind heute alle Tiere am Fluss. Normalerweise ist hier viel mehr los.“

„Jetzt, wo wir Staubgrau gefunden haben –

ich meine, Graustaub“, sagte Herr Federschlau, „müssen wir ihn irgendwie vom Baum herunterlocken.“

„Wenn wir das nicht schaffen, bekommen wir ihn nie dazu, den Zauberspruch rückgängig zu machen“, sagte Penelope bedrückt.

Alle dachten angestrengt nach.

„Ich wünschte, es würde regnen“, sagte Lili schließlich. „Graustaub will, dass es im Wald ganz trocken ist. Wenn es regnet, würde er bestimmt herunterkommen.“

Herr Federschlau polierte sein Monokel. „Es tut mir leid, aber eine Megenraschine habe ich nicht“, sagte er traurig. „Eine Regenmaschine, meine ich.“

Penelope machte ein nachdenkliches Gesicht. „Es ist wie bei einem Rätsel“, sagte sie. „Wenn wir es nicht regnen lassen können, können wir vielleicht etwas anderes machen …" Plötzlich stieß sie ein freudiges Quieken aus. „Ich hab's! Wisst ihr noch, was Familie Federchen gemacht hat, während alle auf den Start des Bootrennens gewartet haben?"

Ein Grinsen breitete sich auf Jessis Gesicht aus, als sie begriff, was Penelope meinte. „Sie haben mit Wasserbomben gespielt!", sagte sie.

„Penelope, das ist toll!", sagte Lili. „Jeder liebt Wasserbomben. Graustaub bestimmt auch! Dann wird er begreifen, dass es Spaß macht, sich nass zu machen. Bestimmt will er dann nicht mehr, dass der Wald austrocknet."

Goldis grüne Augen strahlten. „Und die Igel könnten wieder aus ihrer Erstarrung befreit werden!" Sie kniete sich hin und umarmte das

Igelmädchen. Penelopes Nase war wieder verdächtig rosa geworden. „Dank dir haben wir einen Plan, wie wir deine Familie retten können", sagte Goldi glücklich.

Sie waren Herrn Federschlau in seine Erfinderhütte gefolgt, die sich hoch oben auf einem Baum befand. Auf den Regalen lagen Unmengen Werkzeuge und Geräte. Auf einem Tisch war der Plan für einen selbst machenden Kuchenmacher ausgebreitet, eine Maschine mit Rührbesen und Löffeln.

„Meine neueste Erfindung", sagte Herr Federschlau und schob die Papiere zur Seite. „Aber die brauchen nir wicht. Ich meine, wir nicht."

Er kramte eine Weile herum. „Bananenschäler für Papageien ... nein. Automatischer Fellputzer für Eichhörnchen ... nein. Nachrichtenbehälter für Schmetterlinge ... Ah!", rief er. „Da sind sie ja." Er öffnete eine große Schachtel.

Jessi und Lili sahen hinein. „Ballons für Wasserbomben!", riefen sie.

Herr Federschlau kicherte. „Aber das sind keine gewöhnlichen Ballons", sagte er. „Sie sind extra saugstark, so wie die, die Familie Federchen benutzt hat. Ich habe sie erfunden, damit wir an heißen Tagen eine ultimative Wasserschlacht machen können. Das ist ein großer Spaß!"

„Perfekt", sagte Goldi. „Hoffentlich findet Graustaub sie auch spaßig."

Herr Federschlau reichte Jessi eine volle Gießkanne. Lili hielt einen roten Ballon auf und Jessi füllte ihn mit Wasser. Dann knotete sie ihn zu und warf ihn in die Luft.

„Fang, Penelope!", sagte sie.

Das Igelmädchen versuchte es, aber sie verfehlte ihn. Der Ballon landete auf ihrem stacheligen Kopf und *Plopp!*, platzte er.

Sie wurde mit Wasser geduscht.

Platsch!

Penelope kugelte vor Überraschung auf den Rücken und musste so sehr lachen, dass ihr Diadem vom Kopf rutschte.

Jessi half Penelope grinsend auf die Füße. „Aber wie sollen wir die Wasserbomben alle auffüllen?“, fragte sie. „Der Fluss ist versiegt und in der Gießkanne ist nie und nimmer genügend Wasser für eine große Wasserballonschlacht.“

„Der Funkelwasserfall ist nicht weit weg“, sagte Goldi weise. „Es ist ein riesengroßer Wasserfall. Er ist bestimmt noch nicht vertrocknet.“

Während Jessi, Goldi und Herr Federschlau so viele Ballons wie möglich zusammenrafften, trocknete Lili Penelope mit ihrem Rock ab und setzte sie dann wieder sicher in Jessis Tasche.

„Eine Sache noch“, sagte Lili. „Wie sollen wir die Wasserbomben nach Graustaub werfen? Er ist viel zu weit oben, um ihn erreichen zu können.“

„Keine Sorge“, sagte Goldi. „Unsere gefiederten Freunde werden uns helfen und die extra saugstarken Wasserballons von Herrn Federschlau gezielt abwerfen.“

Angriff!

Kapitän Wolke, der Storch von *Wolke Reisen*, flog über den Baumwipfeln und zog seinen wunderschönen bunten Heißluftballon hinter sich her.

Lili, Jessi und Goldi saßen in dem Korb, der unter dem Ballon hing. Ein großer Haufen Wasserbomben lag zu ihren Füßen. Penelope

Piks saß wagemutig auf dem Korbrand. Lili hatte den Arm um sie gelegt, damit sie nicht herunterfiel.

Kapitän Wolke zog an einem Seil.

Puff! Puff! Puff!

Blasen stiegen in dem Heißluftballon auf. Sie platzten und füllten ihn mit heißer Luft.

Lili sah nach links und winkte Frau Tik-Tok und den zwei Spechtkindern Paul und Timi, die neben ihnen flogen.

Sie zwitscherten leise.

„Schnell! Schnell!“

Jessi winkte den Eisvögeln zu, die auf der anderen Seite neben ihnen hersegelten. „Tschii-kii! Tschii-kii!“, riefen sie, ebenfalls leise.

Alle Vögel trugen Wasserbomben in ihren Schnäbeln und konnten sie deshalb nicht weit öffnen. Sogar die kleine Flora Fieps trug einen gefüllten Ballon. Die Flügel des Zaunkönigmädchens schlugen doppelt so oft wie die der anderen Vögel, um den Anschluss nicht zu verpassen.

Lili legte ihren Arm fester um Penelope. „Ist es nicht wundervoll, dass wir so viele gute Freunde haben?“, fragte sie Jessi.

Jessi nickte glücklich. „Da!", rief sie, als sie sich dem Schatzbaum näherten. „Da ist Graustaub!"

Der Drache lag rücklings mit geschlossenen Augen und ausgebreiteten Flügeln auf dem obersten Ast. Er sah sehr zufrieden aus.

„Kapitän Wolke!“, rief Goldi. „Können wir näher ran?“

Der Storch nickte.

In aller Stille schwebten sie näher. Die Vögel flogen, so leise sie konnten, und Lili und Jessi hielten den Atem an. Wenn Graustaub sie entdeckte, bevor sie die Wasserschlacht beginnen konnten, würde er sie vielleicht alle in Stein verwandeln und sie würden vom Himmel stürzen.

Plötzlich fiel der Schatten des Heißluftballons auf den Drachen. Er öffnete die Augen.

„Oh nein“, stöhnte Jessi. „Er hat uns gesehen!“

Graustaub rappelte sich auf und stieß ein raues Brüllen aus.

„Raaarrr!“

„Aufpassen, Kapitän Wolke!“, rief Lili.

Kapitän Wolke schlug hart mit den Flügeln und lenkte den Heißluftballon so schnell wie möglich weg von Graustaub. Lili und Jessi spürten seinen heißen Atem, der den Korb nur knapp verfehlte. Der Heißluftballon wackelte bedrohlich hin und her. Die Mädchen und Goldi purzelten im Korb übereinander.

„Halte dich fest, Penelope!“, rief Lili.

Das Igelmädchen klammerte sich an den Rand des Korbs. Aber er schaukelte so heftig, dass ihre Pfoten abrutschten und sie über den Rand stürzte.

„Penelope!“, schrie Lili panisch.

Jessi und sie lehnten sich über den Rand. Penelope war bestimmt schon tief unter ihnen zwischen den Ästen verschwunden.

Doch stattdessen starrte sie in ein erschrocke-

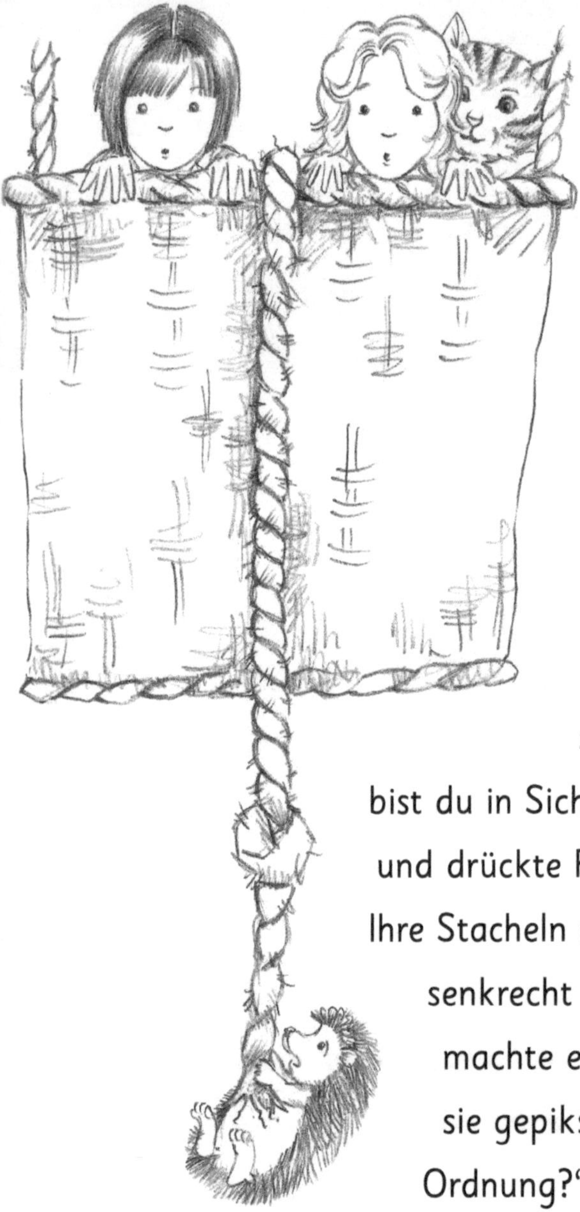

nes Gesicht. Mit beiden Pfoten hielt das Igelmädchen sich an einem Seil fest, das seitlich am Korb hing.

Jessi beugte sich vor und zog sie zu sich hoch. „Jetzt bist du in Sicherheit“, sagte sie und drückte Penelope an sich. Ihre Stacheln standen vor Angst senkrecht ab, aber Jessi machte es nichts aus, dass sie gepikst wurde. „Alles in Ordnung?“

„Ja", sagte Penelope zitternd. „Lasst uns Graustaub dazu bringen, seinen Zauberspruch aufzuheben."

Der Heißluftballon schwebte wieder auf den Drachen zu, allerdings blieben sie dieses Mal außer Reichweite des heißen Atems.

„Graustaub!", rief Goldi. „Wir sind gekommen, um dich etwas zu fragen …"

„Pah!", unterbrach sie der Drache. „Verschwindet! Ich bin damit beschäftigt, meine schönen Schuppen in die Sonne zu halten, seht ihr das nicht?" Er legte sich wieder auf seinen Ast.

„Ich denke, es wird Zeit für unseren Plan", wisperte Lili. „Graustaub!", rief sie. „Willst du wissen, wie viel Spaß es macht, nass zu werden?"

Graustaub knurrte. „Nass werden macht überhaupt keinen Spaß! Meine Schuppen glänzen nur in der Sonne so schön“, sagte er verärgert. Er schlug mit den Flügeln und kam mit geöffnetem Maul auf sie zugeflogen.

„Er will uns angreifen!“, schrie Jessi. „Schnell, alle bereit machen … Feuer!“

Jessi und Lili griffen sich mit beiden Händen Wasserbomben und warfen sie nach dem Drachen. *Platsch! Platsch!* Die Vögel ließen ihre Wasserbomben fallen. *Platsch! Platsch! Platsch!*

„Raaarrr!“, brüllte Graustaub. Er schlug

mit den Flügeln, die jetzt klitschnass waren. „Raaarrr! Ich bin total nass!“

Lili und Jessi warfen eine Wasserbombe nach der anderen. Penelope hielt sich zur Sicherheit an einem Seil fest und warf ebenfalls Ballons hinunter.

Goldi verteilte neue Wasserbomben aus dem Korb an die Vögel.

Platsch! Platsch! Platsch!

Ein Ballon platzte direkt über Graustaubs Kopf. „Raaa … he, he, he“, machte er. Aus seinem Brüllen wurde ein Kichern. Auf seinem Gesicht erschien ein verdutzter Ausdruck. „Das fühlt sich lustig an!“

„Es funktioniert!“, rief Goldi. „Graustaub! Macht es dir Spaß?“

„He, he, he!“, lachte der Drache, als eine weitere Wasserbombe von Jessi auf seinem Rücken explodierte. „Mehr! Mehr!“

Lili blickte sich um. Die Ballons waren alle aufgebraucht.

„Wir haben keine Wasserbomben mehr, Graustaub", rief Lili. „Und wir können auch leider keine neuen mit Wasser füllen, weil der Fluss ausgetrocknet ist."

Der Drache machte ein trauriges Gesicht. „Aber ich will weiterspielen", grummelte er mit hängendem Schwanz.

„Wir auch", sagte Jessi. „Aber zuerst brauchen wir den Fluss zurück. Kannst du den Zauber von den Igeln nehmen, damit Familie Piks das Mühlrad wieder zum Laufen bringen kann?"

Graustaub machte einen übermütigen Salto in der Luft.

„Ja", stimmte er zu. „Das werde ich, dann können wir weiterspielen!"

Die Vögel zwitscherten, trillerten und pfiffen fröhlich. Kapitän Wolke flog einen Looping und die Mädchen, Goldi und Penelope jubelten laut.

„Hurra!“, rief das Igelmädchen mit glänzenden Augen. „Wir haben es geschafft!“

Das Schnellwasser-Rennen

Kapitän Wolke lenkte den Heißluftballon mit seinen glücklichen Fahrgästen zurück zum Mühlrad. Graustaub flog immer noch kichernd neben ihnen und bewunderte die glitzernden Wassertropfen auf seinen gelben Schuppen.

„Nass sehe ich noch viel hübscher aus", prahlte er. „Das Wasser bringt mich zum Glänzen!"

Der Heißluftballon fuhr über den schlammigen Graben, in dem eigentlich der Weidenfluss fließen sollte.

Jessi entdeckte den schmalen kleinen Strand. „Da ist die Korallenbucht“, sagte sie. „Wäre das nicht ein perfekter Ort für Graustaub zum Sonnenbaden, weit genug entfernt von den anderen Tieren?“

Lili lehnte sich über den Korbrand und sah nach unten. „Oh ja. Perfekt“, sagte sie. „Drachen sind schließlich keine Waldtiere.“

„Du hast recht, Lili“, sagte Goldi. „Für Eisflocke ist der Wald zu warm. Und Graustaub wollte ihn austrocknen. Griselda ist wirklich gemein, dass sie die Drachen zwingt, hier zu sein. Ich frage mich, wo sie sie überhaupt gefunden hat.“

Kapitän Wolke drehte sich zu ihnen um. „Bereit machen zur Landung“, nuschelte er mit dem Seil im Schnabel.

Einen Augenblick später standen sie wieder auf festem Boden. Die Vögel landeten neben dem Mühlrad und die Mädchen, Goldi und Penelope kletterten aus dem Korb. Graustaub landete, auf seinen nassen Krallen rutschend, neben ihnen.

Penelope rannte zu ihrer Familie und umarmte die kalten Steinfiguren. „Ihr werdet gleich wieder lebendig sein“, sagte sie. „Versprochen!“

„Graustaub wird den Zauber jetzt aufheben“, sagte Goldi. „Geh beiseite, Penelope.“

Das Igelmädchen rannte zu Jessi, die es auf den Arm nahm.

Graustaub watschelte auf die Steinigel zu.

„Schluss mit dem grauen öden Stein,
nass zu sein ist wirklich toll!
Die Igel sollen wieder sie selbst sein
und das Wasser im Fluss sei wieder voll.“

Sofort nahmen die Igel ihre normale Farbe an. Verdutzt sahen sie sich um.

Henri rieb sich den verbliebenen Staub aus

den Augen. „Ich hatte einen wirklich seltsamen Traum“, sagte er.

„Ich auch“, sagte Remus.

„Der Drache ist immer noch da!“, rief Frau Piks angsterfüllt, als sie Graustaub entdeckte. „Wo ist Penelope?“

„Hier bin ich!“, rief Penelope. Jessi setzte sie auf den Boden und das Igelmädchen rannte zu seiner Familie, um alle zu umarmen und zu küssen.

„Ihr seid zu Stein geworden“, sagte Penelope und erzählte ihnen, was alles passiert war.

„Ohne Penelope hätten wir euch nicht retten können“, fügte Jessi hinzu. „Sie ist sehr klug.“

Penelopes Nase wurde ganz besonders rot, als ihre Familie sie umarmte.

Herr Piks stieß einen erschrockenen Schrei aus und deutete auf das matschige Flussbett, wo eigentlich der Weidenfluss hätte fließen sollen. „Oh, bei meinen Stacheln! Der Fluss ist ausgetrocknet!“

Frau Piks rannte auf das Mühlrad zu. „Das Rad ist stehen geblieben! Wir müssen es wieder in Gang bringen. Beeilt euch, Kinder!“

Die Igelfamilie kletterte in die fünf kleinen Räder, die sich im großen Mühlrad befanden.

„Bereit?“, fragte Herr Piks.

„Bereit!“, riefen alle.

„Einrollen!“

Die Igel rollten sich zusammen und fingen an, Purzelbäume zu schlagen. Das Mühlrad knirschte und knackte, dann begann es sich langsam zu drehen. Sofort floss ein Rinnsal durch das Flussbett.

Lili und Jessi sahen begeistert zu, wie das Rinnsal größer und größer wurde. Das Wasser sprudelte und gluckste, bis der Weidenfluss wieder aussah wie gewohnt. Alle Tiere jubelten.

„Mir ist k-k-kalt“, sagte eine Stimme.

Die Mädchen drehten sich zu Graustaub um, der zitterte.

„Du siehst aus, als müsstest du dich nach der Wasserschlacht etwas aufwärmen“, sagte Jessi. „Wir kennen einen wunderbaren Ort dafür – schön warm und sonnig.“

Graustaub lächelte.

„Und wir werden Herrn Federschlau bitten, dir ein paar Ballons zu bringen“, fügte Lili hinzu. „Dann kannst du mit dem Wasser spielen und dich danach aufwärmen, sooft du magst.“

Graustaubs Lächeln wurde zu einem breiten Grinsen. Er flog aufgeregt im Kreis um sie herum. „He, he, he! Das wird ein Spaß!“

Sie erklärten Graustaub, wo die Korallenbucht war, und er flog kichernd davon.

„Ich bin so froh, dass er glücklich ist“, sagte Lili. „Und jetzt lass uns beim Schnellwasser-Rennen zusehen!“

Lili und Jessi sprangen aufgeregt auf und ab und feuerten die Boote an, die flussabwärts rasten. Die Igel hatten das Mühlrad so sehr beschleunigt, dass der Fluss gurgelnd und sprudelnd dahinrauschte. Zwei Boote setzten sich vor die anderen. Alle feuerten ihr Lieblingsteam an.

„Los, los, Familie Platsch!“

„Schneller, Grünschilds!“

Es war ein knappes Rennen. Würde es am Ende Gleichstand geben?

Ja!

Das Seerosenblatt der Frösche und das Kanu der Schildkröten fuhren Kopf an Kopf über die Ziellinie.

„Wir haben zwei Sieger!", rief Silvia. Alle Tiere klatschten.

Nach dem Picknick wurde es für die Mädchen Zeit, nach Hause zu gehen. „Kommt bald wieder!", riefen die Tiere zum Abschied.

Goldi brachte die Freundinnen zum magischen Baum. Sie berührte den Stamm mit ihrer samtenen Pfote und die kleine Tür erschien. Dann umarmte sie die beiden herzlich.

„Danke, dass ihr uns wieder geholfen habt", sagte sie glücklich. „Griselda hat allerdings noch zwei andere Drachen. Sie wird sich bald einen neuen gemeinen Plan überlegen."

„Wir werden bereit sein“, sagte Lili.

„Du musst uns nur holen kommen“, fügte Jessi hinzu. „Wir freuen uns schon, dich wiederzusehen, Goldi.“

Sie umarmten ihre Freundin zum Abschied und traten in das goldene schimmernde Licht im Baumstamm. Als das Schimmern verschwand, standen sie wieder auf der großen Wiese. Wie immer war zu Hause keine Zeit vergangen, während sie im Wald der Freundschaft gewesen waren.

„Was für ein tolles Abenteuer!", sagte Lili, als sie Hand in Hand durch den Nebel zur Tierklinik liefen.

An der Lorbeerhecke wurden sie langsamer. In einem kleinen Blätterhaufen raschelte es leise und heraus sah die rosa Nase eines schnuppernden Igels. Er blickte die Mädchen mit seinen dunklen Knopfaugen direkt an, aber zu deren Überraschung rannte er nicht weg, um sich zu verstecken.

„Er weiß, dass wir ihm nichts Böses wollen", sagte Jessi.

Die Mädchen lächelten sich an. Sie kannten noch ein anderes kleines Igelchen, das genauso schlau war!

Tierpflegetipps von Lili und Jessi

Lili und Jessi helfen kleinen und großen Tieren für ihr Leben gern – im Wald der Freundschaft und in der echten Welt.

Hier sind ihre wichtigsten Tipps für die Pflege von …

Igeln

wie Penelope Piks

Igel sind nachtaktive Tiere, tagsüber schlafen sie am liebsten.

Igel fressen gerne Käfer, Tausendfüßler, Würmer und Schnecken.

Viele Leute glauben, dass Igel Milch und Brot mögen, aber Hunde- oder Katzenfutter aus der Dose ist viel gesünder für sie.

Wenn du irgendwo einen krank aussehenden Igel entdeckst und dir Sorgen um ihn machst, dann rufe bei der nächsten Tierklinik oder Wildtierauffangstation an, damit dem Tier geholfen werden kann.

Die magischen Tierfreunde

Daisy Meadows

Hasi Hoppel wird vermisst

Leseprobe

Lili Hart betrat den weitläufigen Garten und atmete den Duft von taubedecktem Gras ein. Weiter hinten, halb versteckt von einer Gruppe Bäume, stand die Scheune, die ihre Eltern in die Tierklinik *Helfende Pfote* umgewandelt hatten. Lili zog eine ärmellose Weste über ihr grün gestreiftes Kleid und hob den Eimer mit Salatblättern hoch, der neben der Hintertür auf sie wartete. Sie hängte sich den Henkel über den Arm und ging zu einem umzäunten Gehege. Darin stand in einer der Ecken eine Holzkiste.

„Frühstück!“, rief Lili.

Eine pinkfarbene Nase mit Schnurrhaaren, die lustig zuckten, tauchte aus einer der Öffnungen in der Kiste auf – dann noch eine. Kurz darauf hoppelten drei Kaninchen auf Lili zu. Zwei hatten verbundene Pfoten und das dritte ein bandagiertes Ohr.

Lili öffnete die Deckklappe des Geheges und schüttete die Salatblätter in ein Schälchen.

„Lasst es euch schmecken“, sagte sie. Ihr dunkles kinnlanges Haar fiel ihr ins Gesicht. Lili schob eine Strähne hinter ihr Ohr und beobachtete die Kaninchen, die am Salat knabberten. „Es geht ihnen schon viel besser“, dachte sie. „Bald können sie zurück in ihren Bau.“

Aus dem Augenwinkel nahm Lili eine Bewegung bei den Häusern auf der anderen Straßenseite wahr. Eine Tür hatte sich geöffnet und ein blondes Mädchen in Jeansshorts, Leggings und pinkfarbenem Kapuzenpulli kam heraus.

Lili lächelte. Es war Jessi Forester – ihre beste Freundin!

Jessi sah nach links, dann nach rechts und noch einmal nach links, um zu prüfen, ob die Straße frei war, dann rannte sie zu Lilis Gartentür. Sie grinste Lili an, die auf sie zukam.

„Unser erster Ferientag!", sagte Jessi, als die Freundinnen sich zur Begrüßung umarmten. „Weißt du, warum diese Ferien ganz besonders schön werden? Weil wir jeden Tag in der Tierklinik helfen dürfen!"

So wie Lili liebte auch Jessi Tiere über alles und war sehr froh, dass sie gegenüber von Familie Hart wohnte.

Lili klatschte in die Hände. „Dann lass uns anfangen! Die Kaninchen habe ich schon gefüttert, aber die anderen Tiere brauchen auch noch ihr Frühstück."

Die Mädchen liefen an dem kleinen Wäldchen vorbei, wo die verletzten Rehe wohnten. Ein Rehkitz hüpfte vergnügt auf drei Beinen herum. Sein viertes Bein war eingegipst.

„Gestern hat Papa sein Bein verarztet", erklärte Lili. „Ich habe ihm dabei geholfen."

„Gute Arbeit!" Jessi klopfte auf ihre Hosentasche, in der ein kleiner Zeichenblock und ein Stift steckten. „Ich werde das Kleine später zeichnen."

Sie betraten die Scheune, in der es nach frischem Heu und Sägespänen roch.

Frau Hart stand neben einer Kiste. „Da kommen ja meine Helfer. Genau zum richtigen Zeitpunkt!“, sagte sie und lächelte. Ihre Hose war in ein Paar schlammverschmierter Gummistiefel gestopft und ihre dunklen Haare hatte sie zu einem unordentlichen Knoten gebunden. „Könnt ihr die jungen Füchse für mich füttern?“, fragte sie. „Die armen Kleinen wurden ganz verlassen aufgefunden.“

Lili nahm sich ein Paar dicker Handschuhe und Jessi fischte in ihrer Hosentasche nach einem Haargummi, um ihre Locken zusammenzubinden. Jetzt waren sie bereit!

Die magischen Tierfreunde

Daisy Meadows

Rettung für Mia Mauseohr

Leseprobe

„Schau mal, Lili. Da ist das Café Fliegenpilz."

Sie zeigte auf ein kleines, rot gestrichenes Häuschen mit weißen Punkten auf dem Dach. Es gehörte der Familie Hoppel. Die Kaninchenfamilie hatten die Mädchen bei ihrem ersten Besuch im Wald der Freundschaft kennengelernt.

In diesem Augenblick wurde die Tür des Cafés geöffnet und ein kleines Häschen kam herausgestürmt. Sein weißes Schwänzchen wippte fröhlich hinter ihm her. „Hallo, Lili, hallo, Jessi!"

Hasi Hoppel umarmte die Beine der Mädchen. „Schön, euch zu sehen!“

„Hallo, Hasi“, begrüßte Lili das kleine Kaninchen, bevor sie sich hinkniete, um es zu streicheln. „Du hast Mehl an den Ohren.“

Hasi kicherte und schüttelte die Ohren, sodass eine Mehlwolke aufstob. „Ich helfe meiner Mama und meinem Papa beim Kuchenbacken“, erklärte sie. „Wir müssen noch ganz viele machen. Bis bald!“ Mit einem fröhlichen Jauchzer rannte sie zurück ins Haus.

Viele verschiedene Tiere wuselten über die Waldlichtung und riefen den Mädchen im Vorbeigehen Grüße zu. Ein Maulwurf mit einem Korb Beeren wackelte vorbei und eine Elster hopste über die Wiese. Unter ihre Flügel hatte sie Muschelketten geklemmt. Ein kleiner Igel schob eine Schubkarre mit Pinienkernen, Walnüssen und Esskastanien vorbei.

„Das ist doch Henri Piks", rief Jessi. „Hallo, Henri!"

Er winkte ihnen zu.

„Goldi, warum hast du uns heute hierhergebracht?", fragte Lili. „Ist Griselda wieder aufgetaucht?"

Die Katze schüttelte den Kopf. „Zum Glück nicht!" Sie lächelte. „Ich habe euch hierhergeholt, weil es heute auf der Sonnenscheinwiese ein Fest geben wird. Ich dachte, das würde euch vielleicht gefallen."

Die Mädchen sahen sich begeistert an. „Ganz bestimmt! Wir lieben Feste", sagte Lili.

Die magischen Tierfreunde

Daisy Meadows

Fibi Federchen ganz allein

Leseprobe

Sie liefen Goldi hinterher, überquerten den Bach und kamen zur großen Wiese, auf der eine riesige, abgestorbene Eiche stand. Als die Katze sich dem Baum näherte, erwachte dieser wieder zum Leben. Frische grüne Blätter wuchsen an seinen Zweigen und duftende Blüten kamen zum Vorschein. Lili und Jessi hatten dieses Wunder schon zweimal erlebt, dennoch betrachteten sie die Eiche wieder voller Erstaunen.

Goldi blieb direkt vor dem großen Baum stehen und berührte mit ihrer Pfote jene

Stelle am Stamm, an der einige Wörter eingeritzt waren.

Die Mädchen wussten, dass sie die Worte gleichzeitig und laut aussprechen mussten.

Lili und Jessi hielten sich an den Händen und sagten wie aus einem Mund: „Wald der Freundschaft!“

Wie aus dem Nichts erschien plötzlich eine kleine Tür im Baumstamm. Sie reichte ihnen bis knapp an die Schulter. Jessi griff nach dem blattförmigen Türknauf und öffnete sie. Schimmerndes goldenes Licht strömte aus dem Baum heraus.

Die Katze schlüpfte durch die Tür. Lili und Jessi folgten ihr mit geduckten Köpfen in den goldenen Schein. Die beiden Freundinnen begann es am ganzen Körper zu kribbeln. Sie wussten, dass sie nun wieder ein kleines Stückchen schrumpften.

Als das Licht verblasste, standen sie auf einer sonnenbeschienenen Waldlichtung, die von hohen Bäumen und Blumen umgeben war.

„Die Tupfenwiese!“, rief Lili.

Band 12
ISBN 978-3-7432-0466-9

Band 13
ISBN 978-3-7432-0561-1

Band 14
ISBN 978-3-7432-0562-8

Band 15
ISBN 978-3-7432-0767-7

Loewe
Das will ich lesen!

Band 16
ISBN 978-3-7432-0832-2

Band 17
ISBN 978-3-7432-1153-7

Band 18
ISBN 978-3-7432-1343-2

Band 19
ISBN 978-3-7432-1385-2

Loewe
Das will ich lesen!

Im Zaubertal der Einhörner

Band 1
ISBN 978-3-7432-0749-3

Band 2
ISBN 978-3-7432-0750-9

Band 3
ISBN 978-3-7432-0751-6

Band 4
ISBN 978-3-7432-0752-3

Loewe
Das will ich lesen!

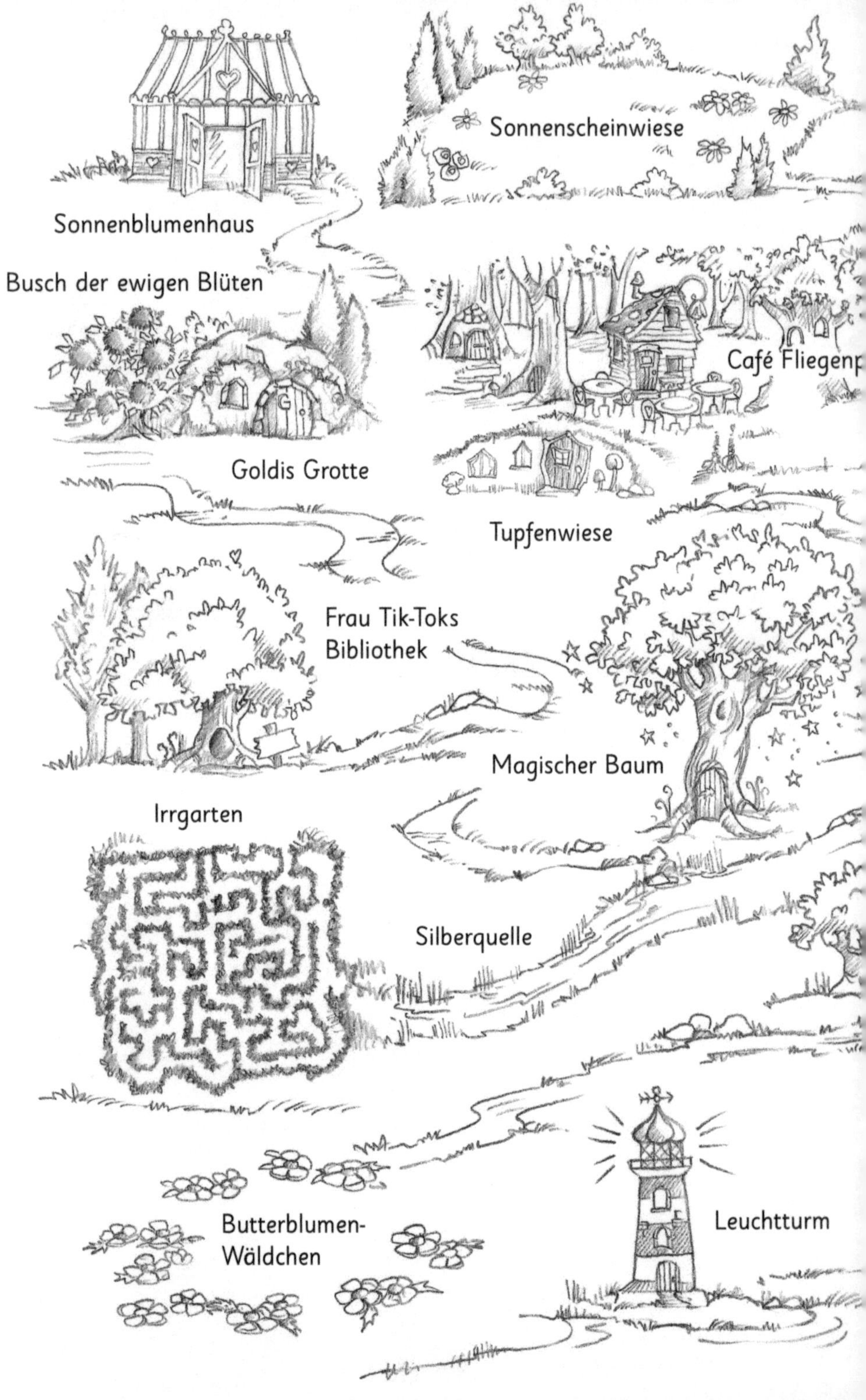
Sonnenscheinwiese
Sonnenblumenhaus
Busch der ewigen Blüten
Café Fliegen
Goldis Grotte
Tupfenwiese
Frau Tik-Toks
Bibliothek
Magischer Baum
Irrgarten
Silberquelle
Butterblumen-
Wäldchen
Leuchtturm